Inhalt

Callcenter in der Kritik - Politik will unerlaubte Werbung schärfer sanktionieren

Kernthesen

Beitrag

Fallbeispiele

Weiterführende Literatur

Impressum

Callcenter in der Kritik - Politik will unerlaubte Werbung schärfer sanktionieren

K.Zirkel

Kernthesen

- Die Callcenter-Branche wächst derzeit um 20 Prozent: In den vergangenen Jahren stieg die Zahl der Callcenter von 1 600 auf 5 600. Insgesamt 2,8 Milliarden Euro investierten die Unternehmen 2006 ins Telefonmarketing.
- Unerlaubte Werbeanrufe bei Privatpersonen kratzen jedoch am Image der Telefonwerber. Die Callcenter-Branche kämpft mit einem massiven Imageproblem.

Verbraucherschützer und Politiker wollen diese Form der Werbung daher stärker sanktionieren.
- Unseriöse Anbieter gibt es vor allem in den Bereichen Telekommunikation, Glücksspiele (Gewinnspiele, Lotterien) und Zeitungen/Zeitschriften.

Beitrag

Unzulässige Werbeanrufe unseriöser Anbieter kratzen am Image der Telefonwerber. Die Politik will unerwünschte Anrufe nun schärfer sanktionieren.

Die Zeiten für Telefonwerber sind hart - unerwünschte Anrufe, besetzte Hotlines, ratlose, unfreundliche Mitarbeiter; die Klagen genervter Verbraucher über Callcenter sind bekannt. Dazu tragen nicht zuletzt die jüngsten Enthüllungen von Undercover-Journalist Günter Wallraff über die Zustände in Callcentern bei. Belästigt fühlen sich die Verbraucher jedoch in erster Linie von den Cold Calls, den unerlaubten Werbeanrufen.

Der Callcenter-Branche geht es so gut wie nie zuvor: Sie verzeichnet derzeit ein Wachstum von 20 Prozent: Seit 1998 hat sich die Zahl der Callcenter mehr als verdreifacht und ist von 1 600 auf 5 600 gestiegen. 430

000 Menschen arbeiten heute als Agents in einem Callcenter, das entspricht 1,2 Prozent aller Beschäftigten in Deutschland. Weitere 100 000 Stellen sollen in den nächsten Jahren hinzukommen. Insgesamt 2,8 Milliarden Euro investierten Unternehmen im vergangenen Jahr ins Telefonmarketing, das entspricht rund zehn Prozent der Aufwendungen im Direktmarketing. [1], [2]

Rechtlich betrachtet ist Telefonmarketing eine zulässige Maßnahme zum Aufbau und zur Pflege des Kundenstamms soweit sie sich innerhalb der gesetzlichen Grenzen abspielt. So dürfen Unternehmen im geschäftlichen Bereich telefonisch werben, wenn der Angerufene ein branchenbedingtes Interesse daran haben könnte. Bei Privatleuten ist Telefonmarketing dagegen nur erlaubt, sofern der Kunde zuvor explizit oder durch schlüssiges Handeln eingewilligt hat. Meist ist die Werbung via Telefon jedoch unerwünscht: 95 Prozent der Deutschen fühlen sich von Werbeanrufen belästigt. Dennoch nimmt die Zahl der Werbeanrufe zu, allein in den vergangenen drei Jahren stieg sie um fünf Prozent. Insgesamt 900 000 unerwünschte Anrufe gingen laut Gesellschaft für Konsumforschung im ersten Quartal 2006 täglich bei den Verbrauchern ein, das entspricht 224 Millionen pro Jahr und damit 31 Prozent mehr als 2005. Die Anrufer laden zur Teilnahme an Gewinnspielen und Lotterien ein, bieten Zeitungen und Zeitschriften, Mobilfunkanschlüsse oder Beteiligungen an Finanzfonds zum Kauf an. Häufig finden die Angerufenen nur wenige Tage nach dem Telefonat einen abgeschlossenen Vertrag im Briefkasten vor, obwohl sie nur Informationen verlangt haben. Eine beliebte Methode vieler Callcenter ist es, die Grenze zwischen Marktforschung und Verkauf zu verwischen. So beginnen sie beispielsweise ein Gespräch mit Marktforschungsfragen, geben vor eine Umfrage zum Thema private Altersvorsorge durchzuführen, die jedoch darauf abzielt, den Angerufen zum Abschluss einer Versicherung zu bewegen. Wenig später erhält der Umworbene einen Anruf von einer Versicherung, die bestens über dessen Vermögensverhältnisse informiert ist und eine Versicherung verkaufen möchte. (2), (3), (4), (8)

Schwarze Schafe ausbooten

Zum negativen Image der Callcenter trägt auch die große Zahl unseriöser Anbieter bei. Doch weder Politiker noch Verbraucherschützer vertrauen auf die Selbstregulierung der Branche, die zudem nur zu einem geringen Teil in Verbänden organisiert ist. Dabei würde etwa ein Ausschluss schwarzer Schafe aus dem Verband nicht nur dazu beitragen, die Zahl unzulässiger Werbeanrufe zu reduzieren, sondern auch dem Ansehen der Callcenter-Branche insgesamt auf die Sprünge helfen. Rechtlich gibt es zwar bereits Möglichkeiten gegen die Cold Calls vorzugehen, denn nach dem Gesetz gegen unlauteren Wettbewerb sind unerwünschte Werbeanrufe als unzumutbare Belästigung ohne vorherige Einwilligung verboten. Ein dabei geschlossener Vertrag ist jedoch gültig. Zwar können Verbraucher den Vertrag innerhalb von 14 Tagen widerrufen, doch wer das nicht tut, ist vertraglich gebunden. (4), (5)

Diese Gesetzeslücke wollen Politik und Verbraucherschützer nun schließen. Denn nicht nur die Branche selbst, auch die Politiker geraten - nicht zuletzt durch die jüngste negative Berichterstattung - immer mehr unter Druck. Das Bundesjustizministerium will unerwünschte Anrufe daher künftig stärker sanktionieren. Ruft ein Unternehmen ohne ausdrückliche Einwilligung des Angerufenen an, so kann ihm ein Bußgeld von bis 50 000 Euro drohen. Zudem sollen Telefonwerber ihre Rufnummer künftig nicht mehr unterdrücken dürfen. Anrufe aus dem Ausland sind dabei jedoch wegen der unterschiedlichen Gesetzeslage nur schwer zu unterbinden. Die Angerufenen sollen auch ein erweitertes Widerrufsrecht erhalten. Am Telefon abgeschlossene Verträge sollen widerrufbar sein, auch wenn der Anruf erlaubt war, die

Kündigungsfrist soll auf mehrere Wochen ausgedehnt werden. Mit einem generellen Verbot des Telefonmarketing ist jedoch nicht zu rechnen, denn es liegt weder im Interesse der Verbraucher noch der Unternehmen seriöse Kommunikationsformen zu unterbinden. Das Gesetz soll Mitte 2008 in Kraft treten. (3), (4), (5), (6), (7)

Verbraucherschützern und einigen Bundesländern geht die Regelung allerdings nicht weit genug. Die Verbraucherzentrale fordert zum einen höhere Bußgelder, zum anderen sollen am Telefon geschlossene Verträge ohne schriftliche Bestätigung nicht gültig sein. Denn viele Verbraucher wissen gar nicht, dass ihre Zustimmung am Telefon bindend ist. Einige Bundesländer fordern die Widerrufsfrist auf drei Monate zu verlängern, damit sich der Umworbene noch einmal in Ruhe Gedanken machen kann, ob er den Vertragsabschluss überhaupt will. Ein telefonisch geschlossener Vertrag soll daher nachträglich bestätigt werden, damit dieser rechtskräftig wird. Auch die Abschöpfung zu Unrecht erzielter Gewinne soll nach dem Willen der Verbraucherschützer erleichtert werden nicht zuletzt, weil viele Callcenter das Bußgeld bereits von vornherein einkalkulieren. Auch der Telekommunikationsverband Bitkom fordert, die Unternehmen stärker in die Pflicht zu nehmen: Einem klugen Händler sei nicht daran gelegen, aktuelle oder potenzielle Kunden durch unerwünschte Werbung zu verärgern, sondern vielmehr eine positive, langfristige Kundenbeziehung aufzubauen. (3), (6), (7)

Das Call Center Forum (CCF), die mit 350 Mitgliedern größte Interessenvertretung der Callcenter-Branche in Deutschland, lehnt dagegen Bußgelder ab und fordert einen maximalen Betrag von 30 Euro. Ausserdem schlägt das CCF vor, es bei den bisherigen Bestimmungen zum Widerrufsrecht zu belassen und die darin bestehenden Ausnahmen (Glücksspiele, Vertrieb von Zeitungen/Zeitschriften sowie Telekommunikation) zu streichen. Das Forum arbeitet derzeit an einem Ehrenkodex und will im kommenden Jahr eine Beschwerdestelle für Verbraucher im Internet einrichten. Zudem soll ein Gütesiegel seriös arbeitende Callcenter auszeichnen. (3), (8), (10)

Fallbeispiele

Wegen unerlaubten Telefonmarketings musste der Telekommunikationsanbieter **Tele2** eine Vertragsstrafe von 240 000 Euro an die Verbraucherzentrale Bayern bezahlen. In einem

Prozess am Landgericht Düsseldorf war Tele2 untersagt worden Verbraucher ohne ausdrückliche Einwilligung zu Werbezwecken anzurufen. Da die Beschwerden danach nicht abgerissen waren, hatte die Verbraucherzentrale zwei Ordnungsgeldverfahren gegen Tele2 eingeleitet. Tele2 schob die Schuld den Adresslieferanten zu. Diese garantierten dem Unternehmen vertraglich, dass für jede erworbene Adresse eine gültige Einwilligungserklärung vorliege was jedoch nicht der Fall war. (9)

Auch gegen die Telekommunikationsanbieter **Arcor** und die **Deutsche Telekom** gingen die Verbraucherzentralen bereits gerichtlich vor. Arcor unterlag vor Kurzem im Streit um die Nutzung einer Call-by-Call-Vorwahl als Einverständnis für Telefonwerbung und auch gegen den Marktführer Telekom ist derzeit ein Verfahren anhängig. Höchststrafe bei einer Verurteilung: 250 000 Euro. (5)

Weiterführende Literatur

(1) Call Center kämpfen um ihr Image Vorsicht, schwarze Schafe?
aus Direkt Marketing, Heft 8/2007, S. 12-13

(2) Wenn das Schnäppchen anruft Telefonwerbung ist beliebt bei Branchen mit unübersichtlichen Tarifen und Billigware

aus Financial Times Deutschland vom 05.11.2007, Seite SA4

(3) Der - vielseitige - Kampf gegen Schwarze Schafe
Selbstregulierung oder Gesetzeskeule?!
aus Direkt Marketing, Heft 8/2007, S. 18-22

(4) Gesetz gegen unerlaubte Telefonwerbung
aus DIE WELT, 13.09.2007, Nr. 214, S. 2

(5) Genau auf die Finger geschaut
aus HORIZONT 48 vom 29.11.2007 Seite 006

(6) NERVIGE TELEFONWERBER BELÄSTIGEN VERBRAUCHER Kein Anschluss unter dieser Nummer
aus Berliner Zeitung, Ausgabe 213 vom 12.09.2007, S. 41

(7) Schutz vor unlauterer Telefonwerbung
Justizministerin Zypries will Bußgelder verhängen, doch die Bundesländer fordern mehr
aus Berliner Zeitung, Ausgabe 214 vom 13.09.2007, S. 7

(8) Verbraucherschützer mobilisieren gegen Telefonwerbung
aus Frankfurter Allgemeine Zeitung, 01.09.2007, Nr. 203, S. 12

(9) Tele2 muss wegen lästiger Werbeanrufe Strafe zahlen
aus DIE WELT, 24.11.2007, Nr. 275, S. 19

(10) Marktforscher feilen am Image
aus HORIZONT 45 vom 08.11.2007 Seite 031

Impressum

Callcenter in der Kritik - Politik will unerlaubte Werbung schärfer sanktionieren

Bibliografische Information der deutschen Nationalbibliothek

Die Deutsche Nationalbibliothek verzeichnet diese Publikation in der deutschen Nationalbibliografie; detaillierte bibliografische Daten sind im Internet über http://dnb.d-nb.de abrufbar.

ISBN: 978-3-7379-0747-7

© 2015 GBI-Genios Deutsche Wirtschaftsdatenbank GmbH, Freischützstraße 96, 81927 München, www.genios.de

Alle Rechte vorbehalten. Dieses Werk ist einschließlich aller seiner Teile – z.B. Texte, Tabellen und Grafiken - urheberrechtlich geschützt. Jede Verwertung außerhalb der Grenzen des Urheberrechtsgesetzes bedarf der vorherigen Zustimmung des Verlags. Dies gilt insbesondere auch für auszugsweise Nachdrucke, fotomechanische

Vervielfältigungen (Fotokopie/Mikroskopie), Übersetzungen, Auswertungen durch Datenbanken oder ähnliche Einrichtungen und die Einspeicherung und Verarbeitung in elektronischen Systemen.